Impressum
Verlag: BABADADA GmbH, Nedderfeld 112 , 22529 Hamburg
Geschäftsführer / Verlagsleitung: Harald Hof
Druck: Books on Demand GmbH, In de Tarpen 42, 22848 Norderstedt

Imprint
Publisher: BABADADA GmbH, Nedderfeld 112 , 22529 Hamburg, Germany
Managing Director / Publishing direction: Harald Hof
Print: Books on Demand GmbH, In de Tarpen 42, 22848 Norderstedt, Germany

escuela

школа

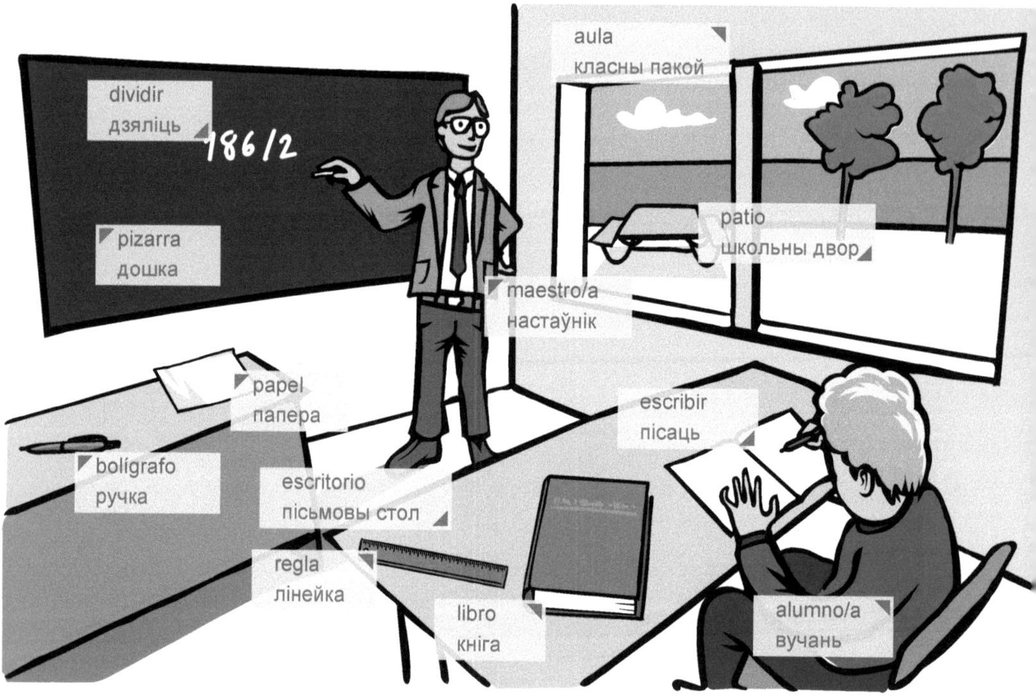

aula
класны пакой
dividir
дзяліць
186/2
pizarra
дошка
patio
школьны двор
maestro/a
настаўнік
papel
папера
escribir
пісаць
bolígrafo
ручка
escritorio
пісьмовы стол
regla
лінейка
libro
кніга
alumno/a
вучань

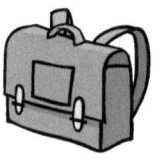

cartera

ранец

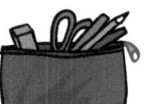

caja de lápices

пенал

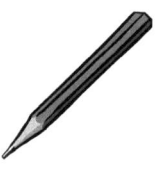

lápiz

просты аловак

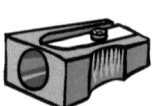

sacapuntas

тачылка для алоўкаў

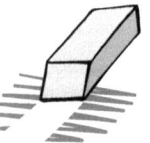

goma de borrar

гумка

cuaderno de dibujo

альбом для малявання

dibujo

малюнак

pincel

пэндзлік

caja de pinturas

фарбы

tijeras

нажніцы

pegamento

клей

cuaderno de ejercicios

сшытак

deberes

хатняе заданне

número

лік

sumar

дадаваць

restar

адымаць

multiplicar

множыць

calcular

лічыць

letra

літара

alfabeto

алфавіт

palabra

слова

texto

тэкст

leer

чытаць

tiza

крэйда

lección

ўрок

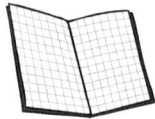

cuaderno de notas

класны журнал

examen

экзамен

certificado

атэстат

uniforme escolar

школьная форма

educación

адукацыя

enciclopedia

энцыклапедыя

universidad

універсітэт

microscopio

мікраскоп

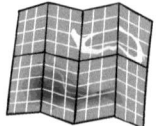

mapa

карта

papelera

смеццевы кошык

viaje
падарожжа

hotel
гатэль
Grand
albergue
хостэл
ROOMS
oficina de cambio de divisas
абменны пункт
maleta
чамадан
coche
аўтамабіль

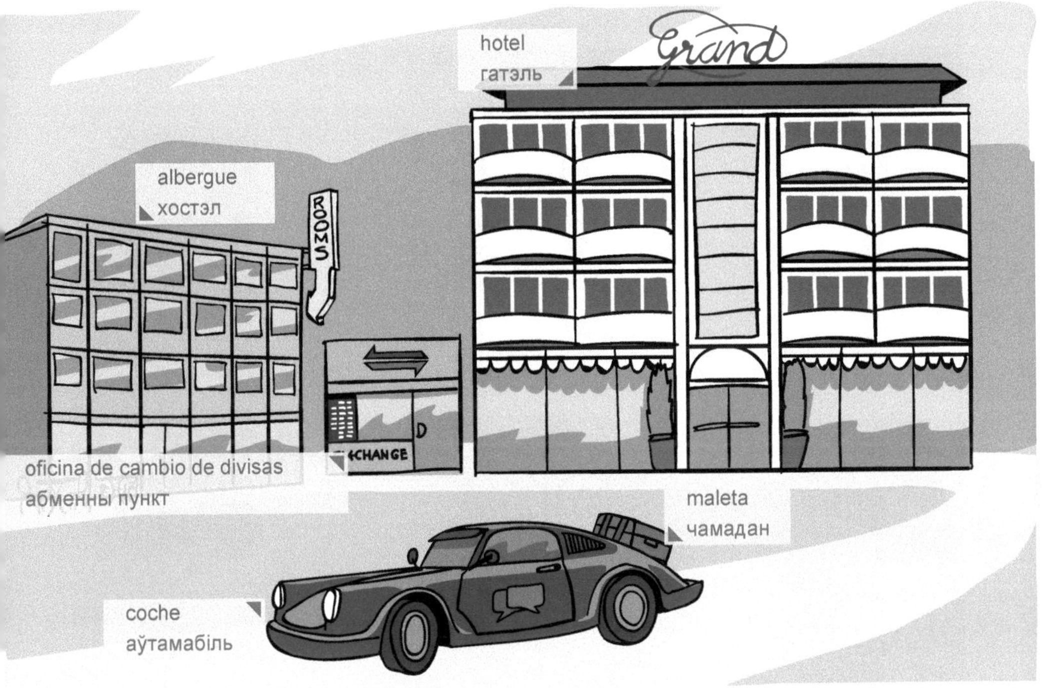

idioma

мова

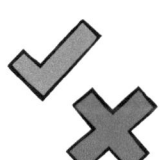

sí / no

так / не

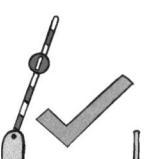

Vale

добра

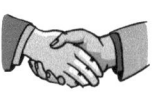

hola

прывітанне!

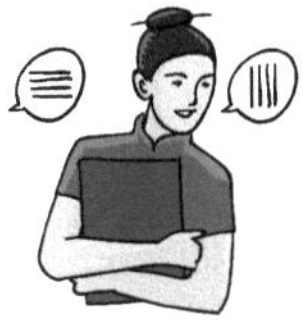

traductor

перакладчык

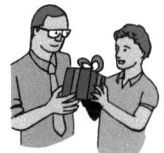

Gracias

дзякуй

¿cuánto es…?

Колькі каштуе….?

No entiendo

я не разумею

problema

праблема

¡Buenas tardes!

Добры вечар!

¡Buenos días!

Добрай раніцы!

¡Buenas noches!

Дабранач!

adiós

да пабачэння

dirección

кірунак

equipaje

багаж

bolsa

сумка

mochila

заплечнік

invitado

госць

habitación

пакой

saco de dormir

спальны мяшок

tienda de campaña

палатка

información turística

інфармацыя для турыстаў

playa

пляж

tarjeta de crédito

крэдытная картка

desayuno

снеданне

almuerzo

абед

cena

вячэра

billete

праязны білет

ascensor

ліфт

sello

паштовая марка

frontera

мяжа

aduana

мытня

embajada

пасольства

visa

віза

pasaporte

пашпарт

transporte
транспарт

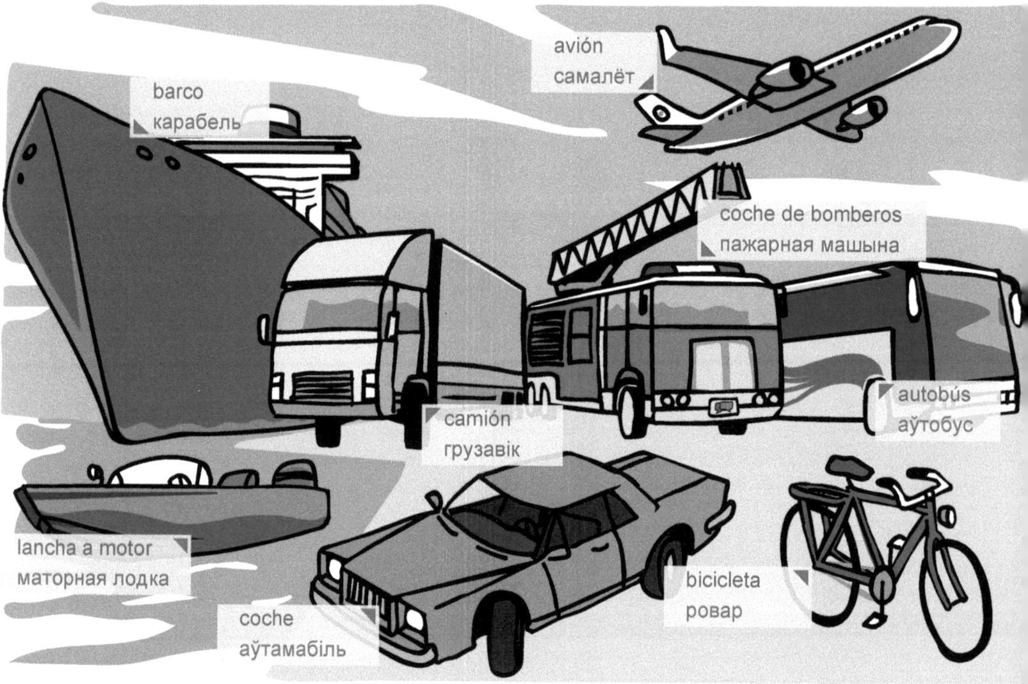
avión
самалёт
barco
карабель
coche de bomberos
пажарная машына
autobús
аўтобус
camión
грузавік
lancha a motor
маторная лодка
bicicleta
ровар
coche
аўтамабіль

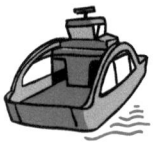

transbordador

паром

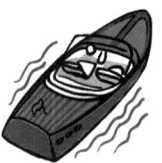

barca

лодка

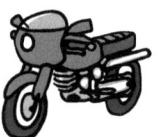

moto

матацыкл

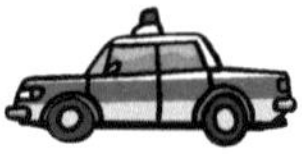

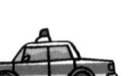

coche de policía

паліцэйская машына

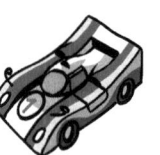

coche de carreras

гоначны аўтамабіль

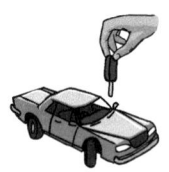

coche de alquiler

арэндаваны аўтамабіль

préstamo de vehículos

сумеснае карыстанне аўтамабілем

grúa

эвакуатар

camión de la basura

смеццявоз

motor

матор

gasolina

паліва

gasolinera

запраўка

señal de tráfico

дарожны знак

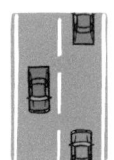

tráfico

дарожны рух

atasco

затор

aparcamiento

паркоўка

estación de tren

чыгуначная станцыя

vías

рэйкі

tren

цягнік

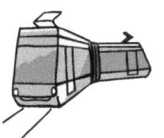

tranvía

трамвай

vagón

вагон

helicóptero

верталёт

aeropuerto

аэрапорт

torre

вежа

pasajero

пасажыр

contenedor

кантэйнер

caja de cartón

кардонная скрыня

carretilla

тачка

cesta

карзіна

despegar / aterrizar

ўзлятаць / прызямляцца

ciudad

горад

pueblo

вёска

centro de ciudad

цэнтр горада

casa

дом

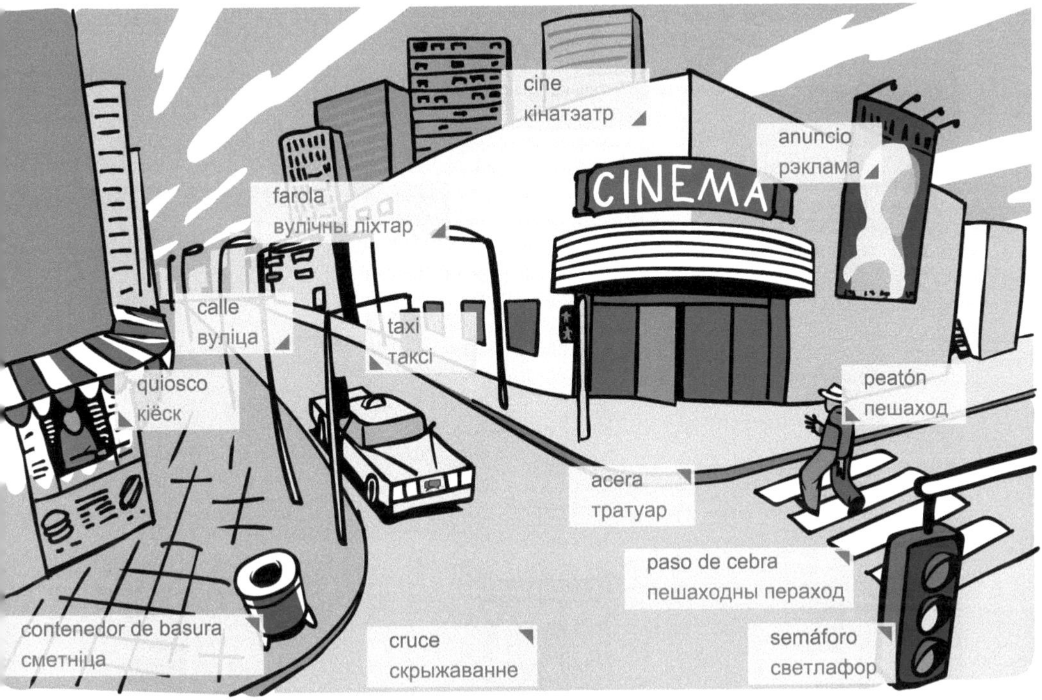

cine
кінатэатр

anuncio
рэклама

farola
вулічны ліхтар

calle
вуліца

taxi
таксі

quiosco
кіёск

peatón
пешаход

acera
тратуар

paso de cebra
пешаходны пераход

contenedor de basura
сметніца

cruce
скрыжаванне

semáforo
светлафор

cabaña

халупа

apartamento

кватэра

estación de tren

чыгуначная станцыя

ayuntamiento

ратуша

museo

музей

escuela

школа

ciudad - горад

universidad

універсітэт

banco

банк

hospital

шпіталь

hotel

гатэль

farmacia

аптэка

oficina

офіс

librería

кнігарня

tienda

крама

floristería

кветкавая крама

supermercado

супермаркет

mercado

кірмаш

grandes almacenes

універмаг

pescadería

рыбная крама

centro comercial

гандлевы цэнтр

puerto

порт

parque

парк

banco

лава

puente

мост

escaleras

лесвіца

metro

метро

túnel

тунэль

parada de autobús

прыпынак

bar

бар

restaurante

рэстаран

buzón

паштовая скрыня

poste indicador

вулічны паказальнік

parquímetro

паркамат

zoo

заапарк

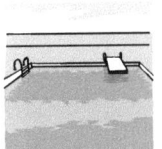

piscina

басейн

mezquita

мячэць

granja

сядзіба

contaminación

забруджванне навакольнага асяроддзя

cementerio

могілкі

iglesia

царква

patio de juego

пляцоўка для гульні

templo

храм

paisaje

краявід

hoja
ліст

señal
паказальнік

camino
дарога

prado
луг

piedra
камень

árbol
дрэва

excursionista
падарожнік

río
рака

hierba
трава

flor
кветка

valle

даліна

colina

гара

lago

возера

bosque

лес

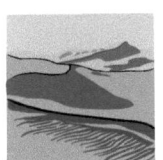

desierto

пустыня

volcán

вулкан

castillo

замак

arcoíris

вясёлка

champiñón

грыб

palmera

пальма

mosquito

камар

mosca

муха

hormiga

мурашка

abeja

пчала

araña

павук

escarabajo

жук

rana

жаба

ardilla

вавёрка

erizo

вожык

liebre

заяц

lechuza

сава

pájaro

птушка

cisne

лебедзь

jabalí

дзік

ciervo

алень

alce

лось

presa

плаціна

turbina eólica

вятрак

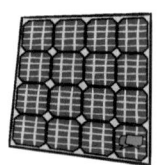

panel solar

сонечная батарэя

clima

клімат

restaurante
рэстаран

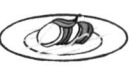

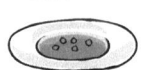

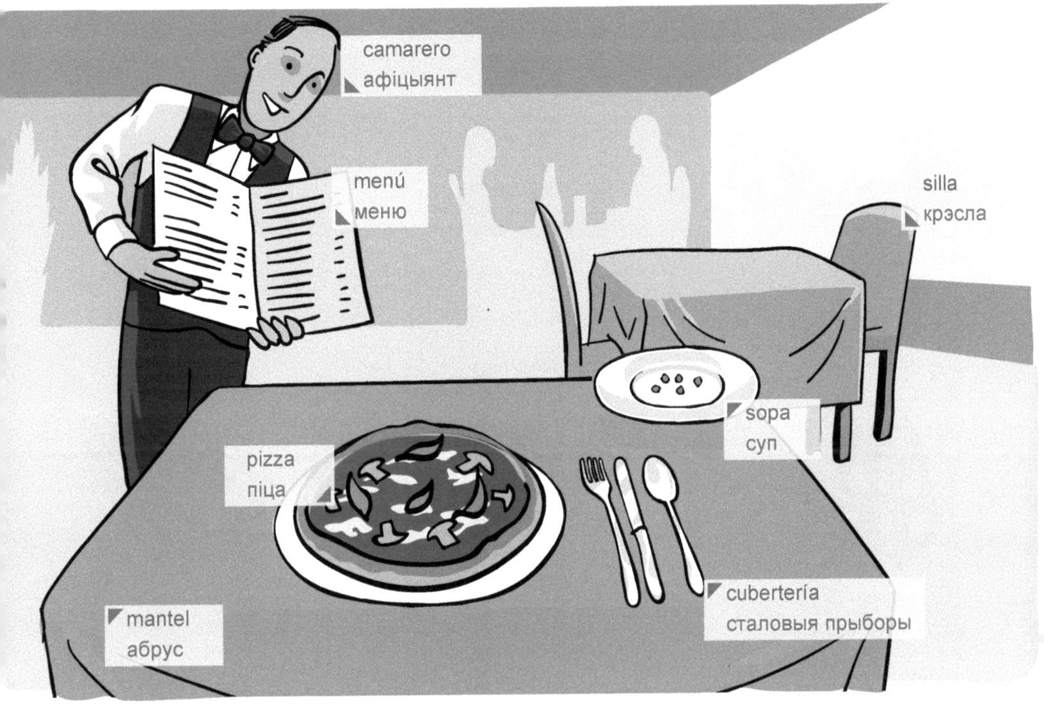
camarero
афіцыянт
menú
меню
silla
крэсла
sopa
суп
pizza
піца
cubertería
сталовыя прыборы
mantel
абрус

primer plato

закуска

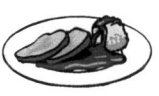

plato principal

другая страва

postre

дэсерт

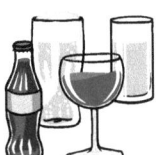

bebidas

напоі

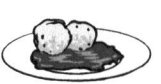

comida

ежа

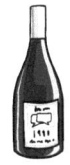

botella

бутэлька

comida rápida

хуткае харчаванне (фаст-фуд)

comida callejera

стрыт-фуд

tetera

імбрык (чайнік)

azucarero

цукарніца

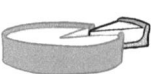
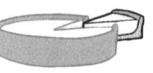

porción

порцыя

cafetera expreso

эспрэса-машына

trona

дзіцячае крэселка

cuenta

рахунак

bandeja

паднос

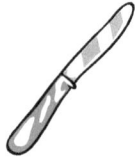

cuchillo

нож

tenedor

відэлец

cuchara

лыжка

cucharilla

чайная лыжка

servilleta

сурвэтка

vaso

шклянка

restaurante - рэстаран

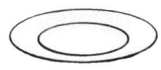

plato
талерка

plato hondo
супавая талерка

platillo
сподак

salsa
соус

salero
сальніца

molinillo de pimienta
млынок для перцу

vinagre
воцат

aceite
алей

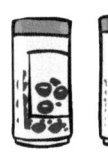

especias
спецыі

ketchup
кетчуп

mostaza
гарчыца

mayonesa
маянэз

supermercado

супермаркет

oferta especial
акцыя
FOR
cliente
пакупнік
lácteos
малочныя прадукты
fruta
садавіна
carro de la compra
вазок

BUTCHERS

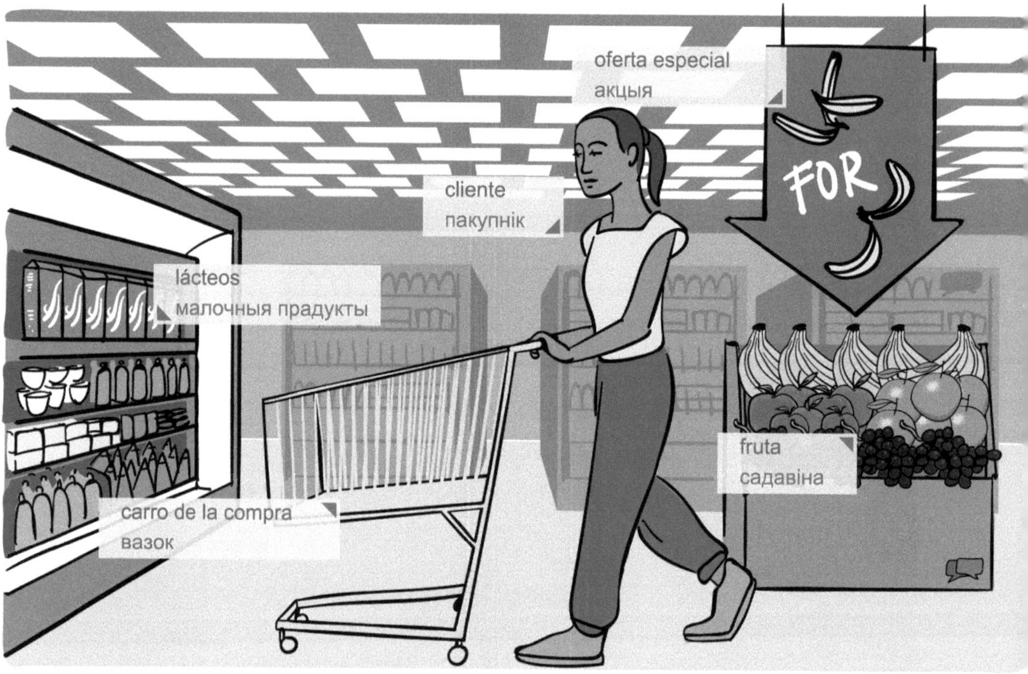

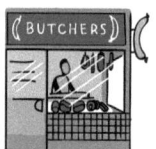

carnicería

мясная крама

BAKERY

panadería

хлебны магазін

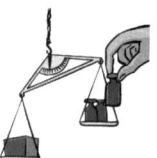

pesar

важыць

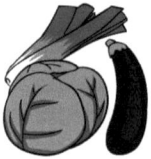

verduras

гароднiна

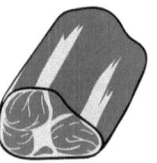

carne

мяса

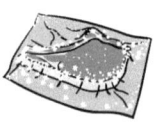

alimentos congelados

свежазамарожаныя прадукты

fiambres

нарэзка

conservas

кансервы

detergente en polvo

пральны парашок

dulces

прысмакі

productos de uso doméstico

хатнія прылады

productos de limpieza

чысцячы сродак

vendedora

прадавец

caja

каса

cajero

касір

lista de la compra

спіс пакупак

horario de atención al público

гадзіны працы

cartera

бумажнік

tarjeta de crédito

крэдытная картка

bolsa

сумка

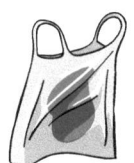

bolsa de plástico

пакет

bebidas

напоі

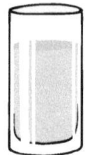

agua

вада

zumo

сок

leche

малако

cola

кола

vino

віно

cerveza

піва

alcohol

алкаголь

cacao

какава

té

гарбата (чай)

café

кава

expreso

эспрэса

capuchino

капучына

plátano

банан

manzana

яблык

naranja

апельсін

melón

дыня

limón

лімон

zanahoria

морква

ajo

часнок

bambú

бамбук

cebolla

цыбуля

champiñón

грыб

avellanas

арэхі

fideos

локшына

espagueti

спагеці

arroz

рыс

ensalada

салата

patatas fritas

бульба фры

patatas fritas

смажаная бульба

pizza

піца

hamburguesa

гамбургер

sándwich

бутэрброд

filete

шніцаль

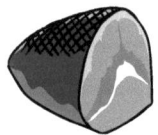

jamón

вяндліна

salami

салямі

salchicha

каўбаса

pollo

курыца

asado

смажаніна

pescado

рыбак

copos de avena

аўсяныя камякі

muesli

мюслі

copos de maíz

кукурузныя шматкі

harina

мука

cruasán

круасан

panecillo

булачка

pan

хлеб

tostada

тост

galletas

пячэнне

mantequilla

масла

cuajada

тварог

pastel

пірог

huevo

яйка

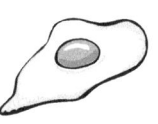

huevo frito

яечня

queso

сыр

helado

марожанае

azúcar

цукар

miel

мёд

mermelada

варэнне

crema de turrón

нуга

curry

кары

granja

сядзіба

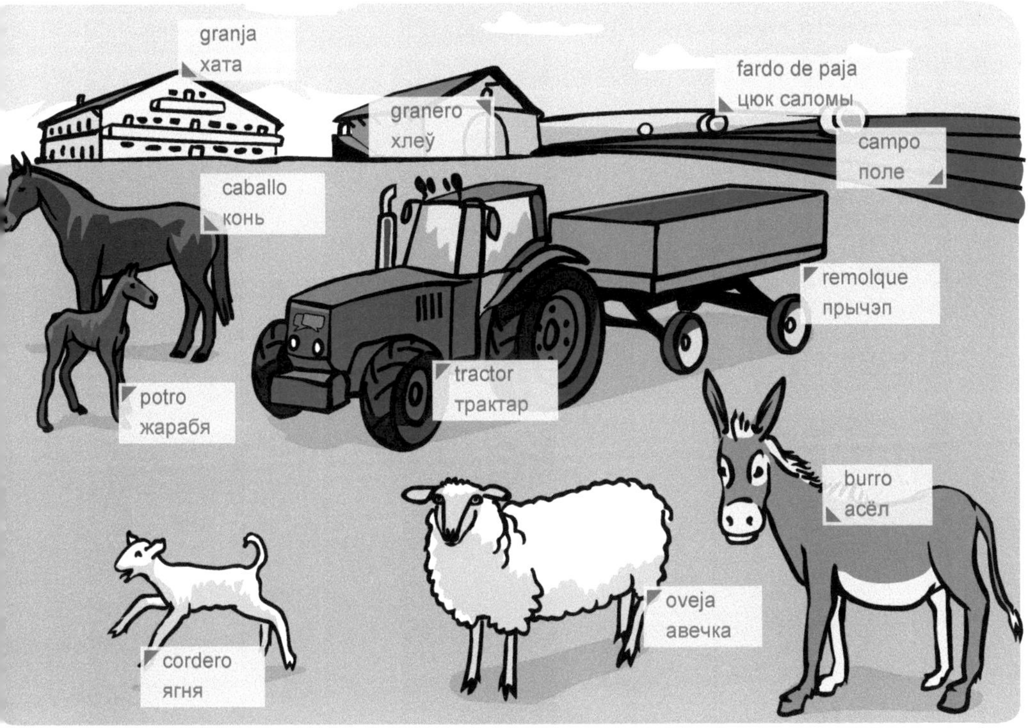

granja
хата
granero
хлеў
fardo de paja
цюк саломы
campo
поле
caballo
конь
remolque
прычэп
tractor
трактар
potro
жарабя
burro
асёл
oveja
авечка
cordero
ягня

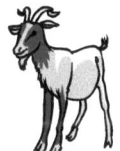

cabra

каза

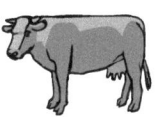

vaca

карова

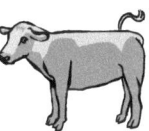

ternero

цяля

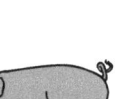

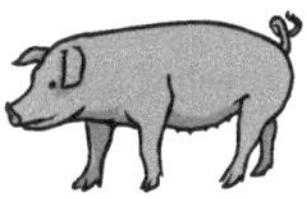

cerdo

свіння

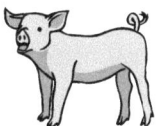

cerdito

парася

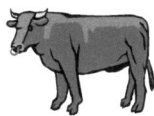

toro

бык

ganso

гусак

pato

качка

pollo

кураня

gallina

курыца

gallo

певень

rata

пацук

gato

кот

ratón

мыш

buey

вол

perro

сабака

perrera

сабачая будка

manguera

садовы шланг

regadera

палівачка

guadaña

каса

arado

плуг

hoz

серп

azada

матыка

horca

вілы для гною

hacha

сякера

carretilla

тачка

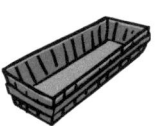

abrevadero

карыта

lechera

бітон для малака

saco

мех

valla

плот

establo

хлеў

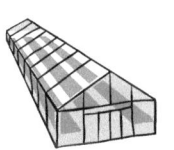

invernadero

цяпліца

suelo

глеба

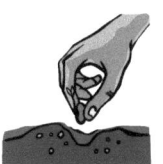

semilla

насенне

fertilizador

угнаенне

cosechadora

камбайн

cosechar

збіраць ураджай

cosecha

ураджай

ñame

ямс

trigo

пшаніца

soja

соя

patata

бульба

maíz

кукуруза

semilla de colza

рапс

árbol frutal

садовае дрэва

mandioca

маніёк

cereales

збожжа

casa

дом

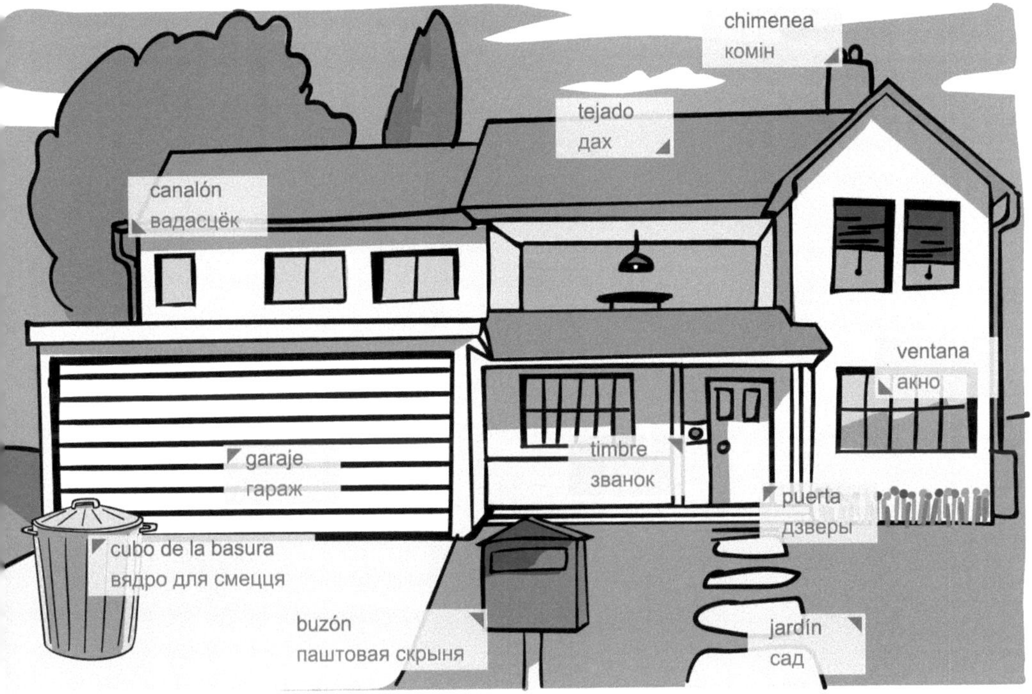
chimenea
комін
tejado
дах
canalón
вадасцёк
ventana
акно
garaje
гараж
timbre
званок
puerta
дзверы
cubo de la basura
вядро для смецця
buzón
паштовая скрыня
jardín
сад

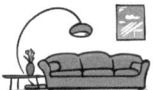

sala

жылы пакой

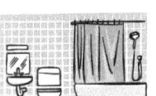

cuarto de baño

ванная

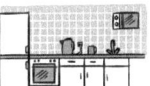

cocina

кухня

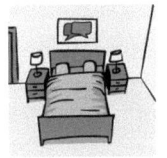

dormitorio

спальны пакой

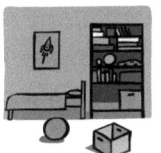

habitación de los niños

дзіцячы пакой

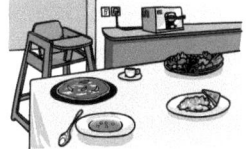

comedor

сталоўка

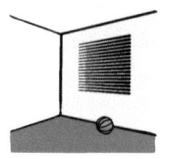

suelo

падлога

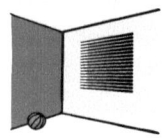

pared

сцяна

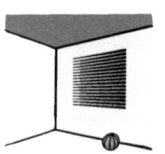

techo

столь

sótano

падвал

sauna

саўна

balcón

балкон

terraza

тэраса

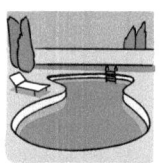

piscina

басейн

cortacésped

касілка

sábana

падкоўдранік

colcha

коўдра

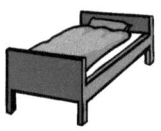

cama

ложак

escoba

венік

balde

вядро

interruptor

выключальнік

sala

жылы пакой

papel pintado
шпалеры
imagen
малюнак
lámpara
лямпа
estante
паліца
armario
шафа
televisión
тэлевізар
chimenea
камін
flor
кветка
cojín
падушка
sofá
канапа
jarrón
ваза
mando a distancia
пульт

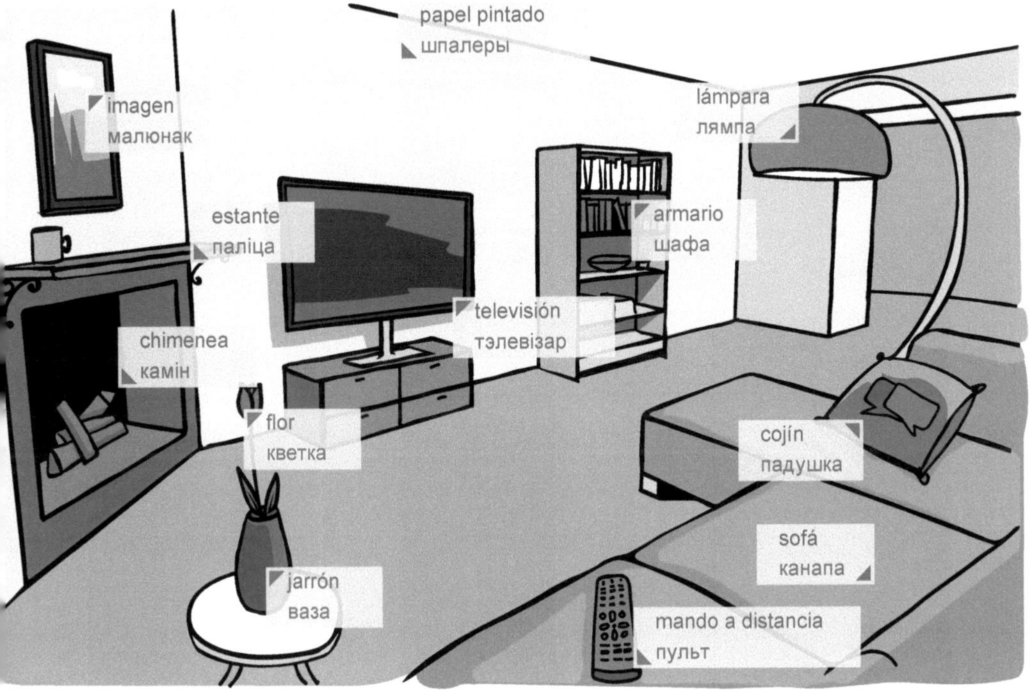

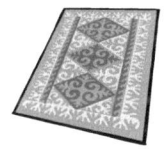

alfombra

дыван

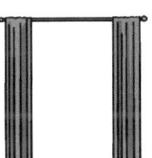

cortina

фіранка

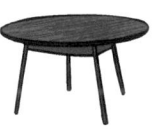

mesa

стол

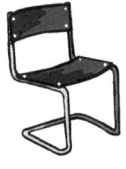

silla

крэсла

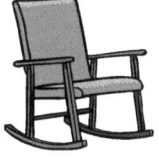

mecedora

крэсла-качалка

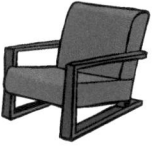

butaca

крэсла

libro

кніга

manta

коўдра

decoración

дэкарацыя

leña

дровы

película

кіно

equipo de música

стэрэасістэма

llave

ключ

periódico

газета

pintura

карціна

póster

постар

radio

радыё

cuaderno

нататнік

aspiradora

пыласос

cactus

кактус

vela

свечка

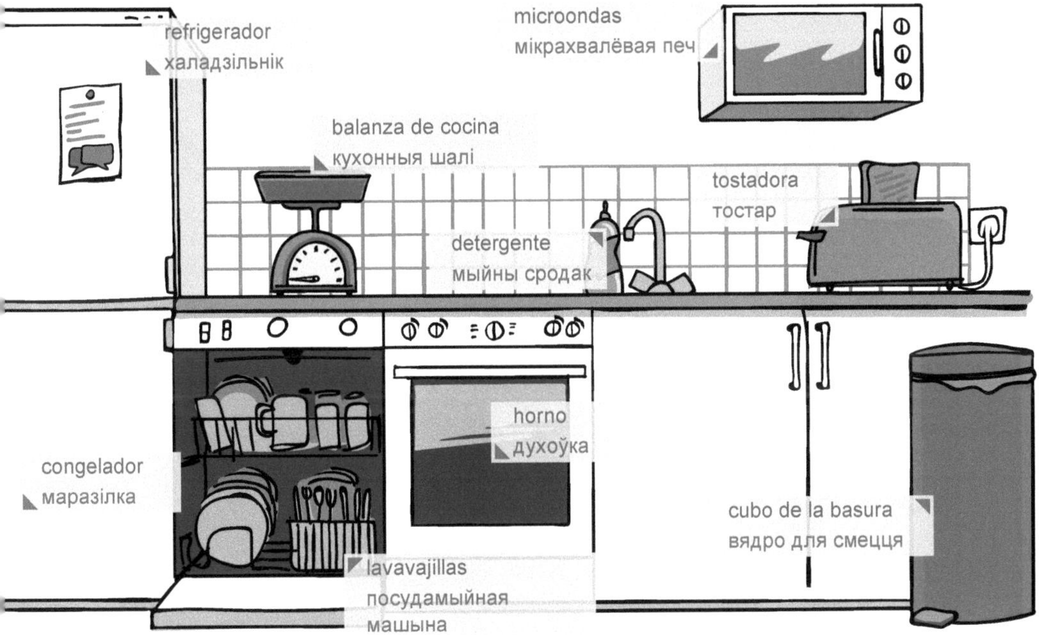

refrigerador
халадзільнік

microondas
мікрахвалёвая печ

balanza de cocina
кухонныя шалі

tostadora
тостар

detergente
мыйны сродак

horno
духоўка

congelador
маразілка

cubo de la basura
вядро для смецця

lavavajillas
посудамыйная
машына

olla a presión
пліта

olla
рондаль

olla de hierro fundido
чыгунок

wok / karahi
Вок / кадаі

cazuela
патэльня

hervidor
чайнік

vaporera

параварка

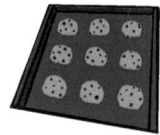

chapa de horno

бляха

vajilla

посуд

taza

кубак

tazón

міска

palillos

палачкі для ежы

cucharón

чарпак

espumadera

лапатачка

batidor

збівалка

colador

сіта для варэння

cedazo

сіта

rallador

тарка

mortero

ступка

barbacoa

грыль

hoguera

вогнішча

tabla de picar

дошка

rodillo

качалка

sacacorchos

штопар

lata

бляшанка

abrelatas

адкрывалка

agarrador

прыхваткі

lavabo

ракавіна

cepillo

шчотка

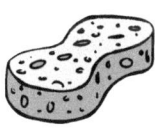

esponja

губка

batidora

міксер

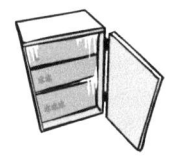

congelador

маразільная камера

biberón

бутэлечка

grifo

вадаправодны кран

cuarto de baño

ванная

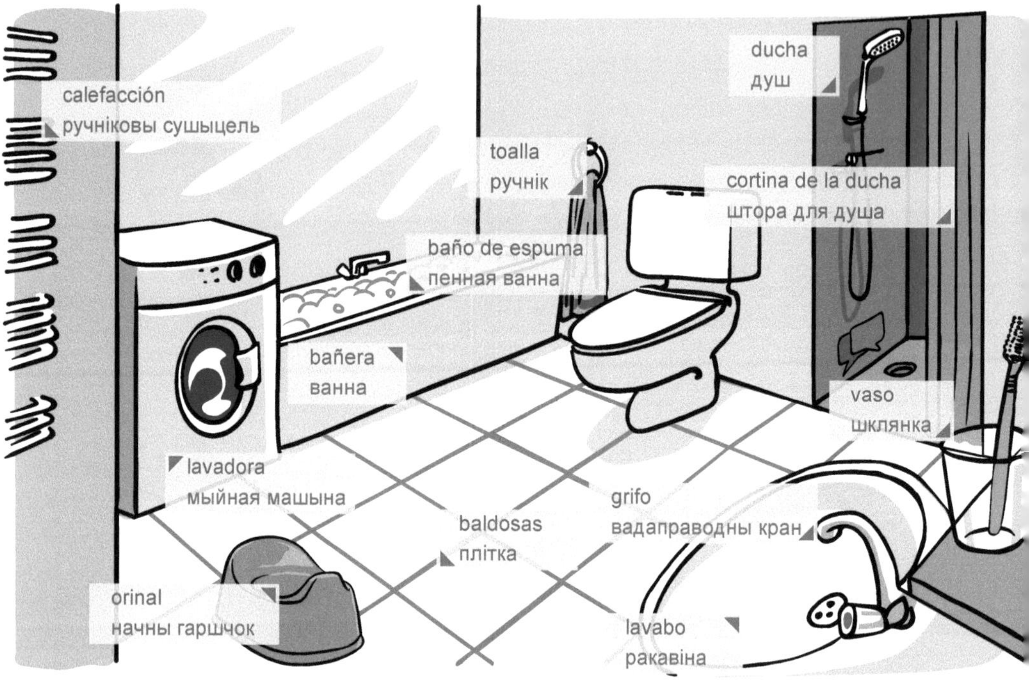

ducha
душ
calefacción
ручнікавы сушыцель
toalla
ручнік
cortina de la ducha
штора для душа
baño de espuma
пенная ванна
bañera
ванна
vaso
шклянка
lavadora
мыйная машына
grifo
вадаправодны кран
baldosas
плітка
orinal
начны гаршчок
lavabo
ракавіна

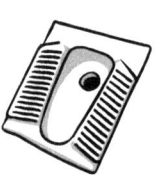

inodoro

туалет

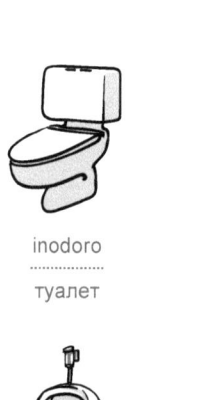

inodoro rústico

падлогавы ўнітаз

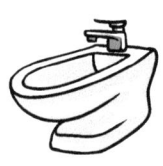

bidé

бідэ

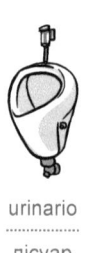

urinario

пісуар

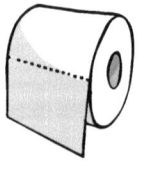

papel higiénico

туалетная папера

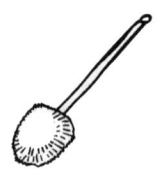

escobilla del váter

шчотка для чысткі ўнітаза

cepillo de dientes

зубная шчотка

pasta de dientes

зубная паста

hilo dental

зубная нітка

lavar

мыць

ducha de mano

ручны душ

ducha íntima

інтымны душ

pila

умывальнік

cepillo de espalda

шчотка для спіны

jabón

мыла

gel de ducha

гель для душа

champú

шампунь

toallita

вяхотка

desagüe

вадасцёк

crema

крэм

desodorante

дэзадарант

espejo

люстэрка

espejo de tocador

касметычнае люстэрка

maquinilla de afeitar

станок для галення

espuma de afeitar

пена для галення

loción postafeitado

ласьён пасля галення

peine

грэбень

cepillo

шчотка

secador

фен

laca

лак для валасоў

maquillaje

касметыка

pintalabios

памада

pintauñas

лак для пазногцяў

algodón

вата

cortauñas

манікюрныя нажніцы

perfume

духі

estuche de viaje

касметычка

banqueta

табурэтка

balanza

вагі

albornoz

лазневы халат

guantes de goma

санітарныя пальчаткі

tampón

тампон

compresa

гігіенічныя пракладкі

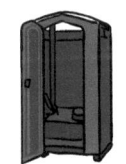

inodoro químico

біятуалет

habitación de los niños
дзіцячы пакой

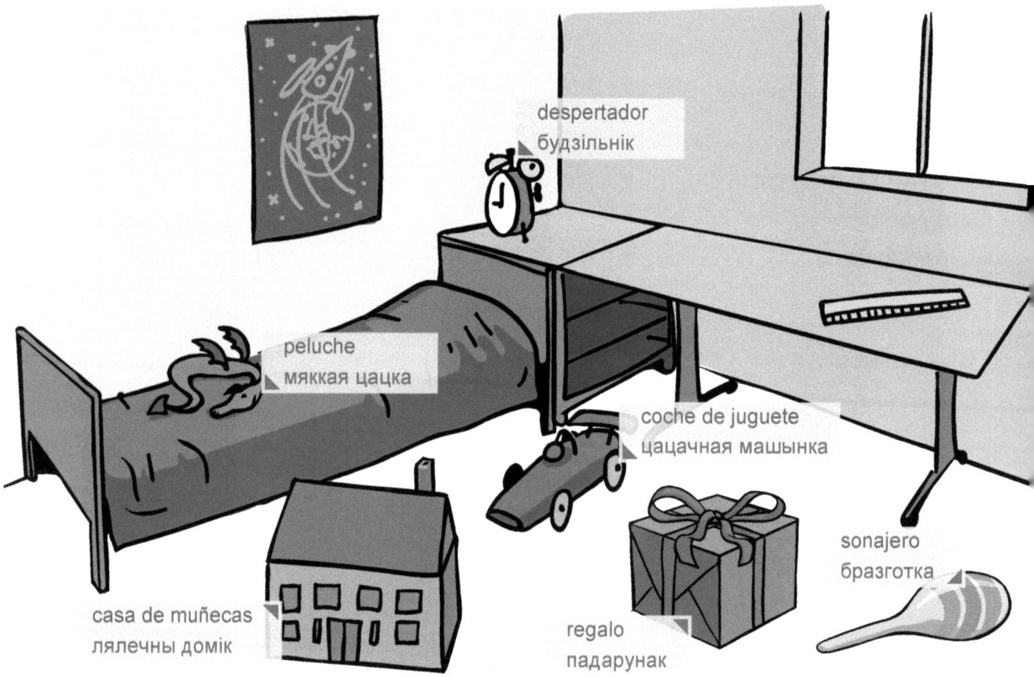
despertador
будзільнік
peluche
мяккая цацка
coche de juguete
цацачная машынка
sonajero
бразготка
casa de muñecas
лялечны домік
regalo
падарунак

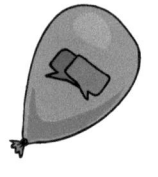

globo
....
надзіманы шарык

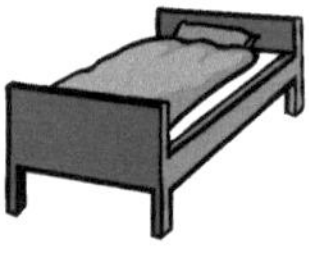

cama
....
ложак

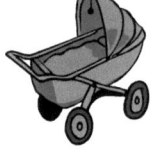

coche de niño
....
дзіцячая каляска

naipes
....
калода картаў

puzle
....
пазл

SUPER
MEGA

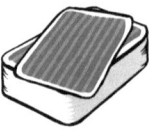

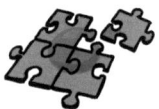

tebeo
....
комікс

piezas de lego

канструктар "Лега"

bloques de juguete

канструктар

figura de acción

экшэн-фігурка

bodi (de bebé)

дзіцячы гарнітур

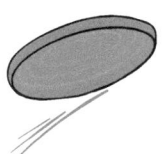

frisbee

фрызбі

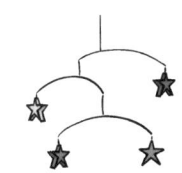

colgador móvil para bebés

дзіцячы мабіль

juego de mesa

настольная гульня

dados

кубік

circuito de tren eléctrico

дзіцячая чыгунка

maniquí

пустышка

fiesta

дзіцячае свята

álbum de fotos

кніга з малюнкамі

pelota

мячык

muñeca

лялька

jugar

гуляцца

cajón de arena

пясочніца

columpio

арэлі

juguetes

цацкі

videoconsola

гульнявая відэа прыстаўка

triciclo

трохколавы ровар

oso de peluche

плюшавы мішка

guardarropa

шафа

ropa

адзенне

calcetines

шкарпэткі

medias

панчохі

leotardos

калготкі

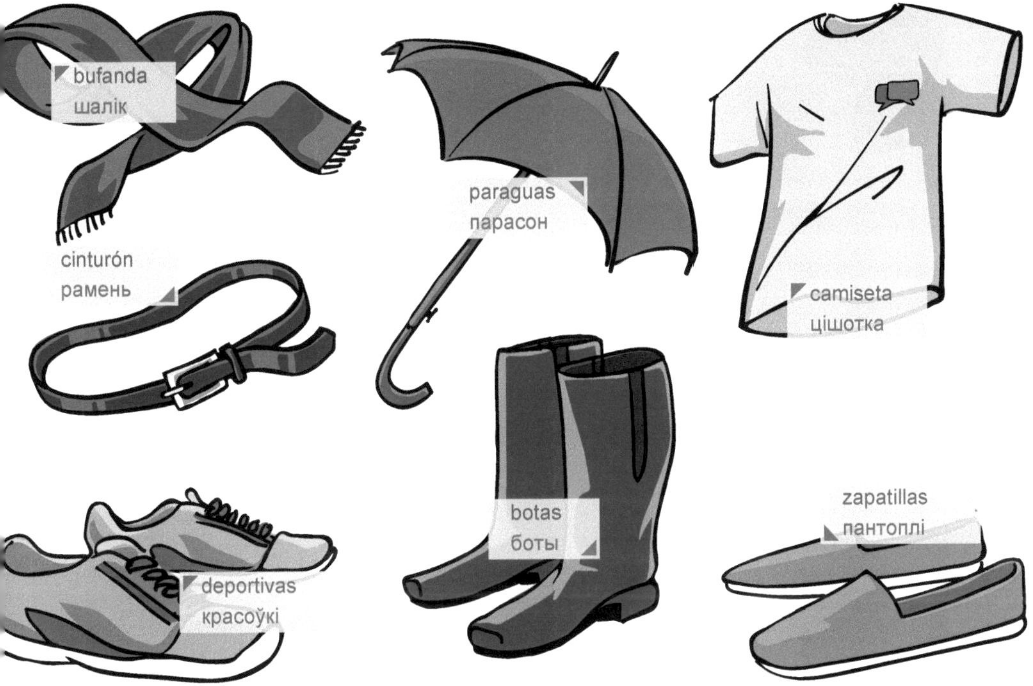

bufanda
шалік

paraguas
парасон

cinturón
рамень

camiseta
цішотка

botas
боты

zapatillas
пантоплі

deportivas
красоўкі

sandalias
сандалі

zapatos
абутак

botas de goma
гумовыя боты

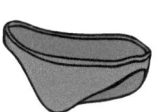

slip
трусы

sostén
бюстгальтар

chaleco
майка

bodi
бодзі

pantalones
штаны

vaqueros
джынсы

falda
спадніца

blusa
блузка

camisa
кашуля

jersey
джэмпер

suéter
талстоўка

blazer
блэйзер

chaqueta
куртка

abrigo
паліто

gabardina
дажджавік

traje
касцюм

vestido
сукенка

vestido de novia
вясельная сукенка

traje

касцюм

camisón

начная сарочка

pijama

піжама

sari

сары

bandana

хустка

turbante

цюрбан

burka

паранджа

caftán

каптан

abaya

Абая

traje de baño

купальнік

bañador

плаўкі

pantalones cortos

шорты

chándal

спартыўны касцюм

delantal

фартух

guantes

пальчаткі

botón

гузік

gafas

акуляры

brazalete

бранзалет

collar

каралі

anillo

кальцо

pendiente

завушніца

gorra

кепка

percha

вешалка

sombrero

капялюш

corbata

гальштук

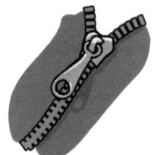

cremallera

маланка

casco

шлем

tirantes

падцяжкі

uniforme escolar

школьная форма

uniforme

уніформа

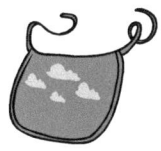

babero

нагруднік

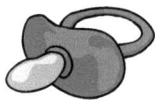

maniquí

пустышка

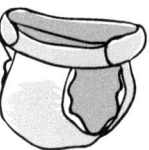

pañal

падгузнік

oficina

офіс

servidor
сервер
archivo
канцылярская шафа
impresora
прынтэр
papel
папера
monitor
манітор
ratón
мыш
escritorio
пісьмовы стол
carpeta
тэчка
teclado
клавіятура
papelera
смеццевы кошык
ordenador
кампутар
silla
крэсла

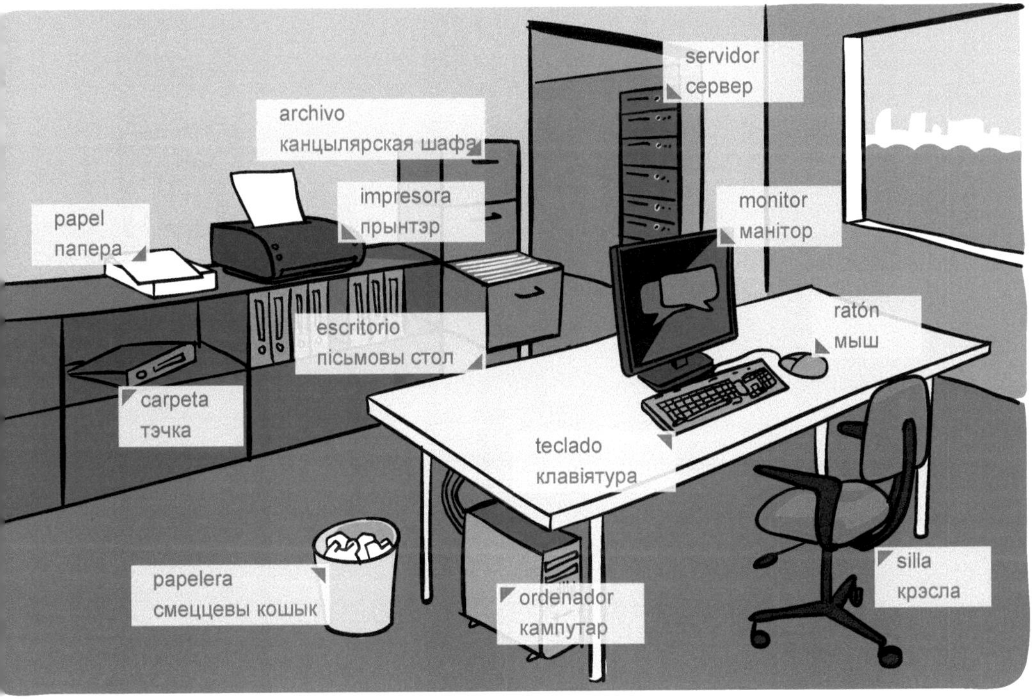

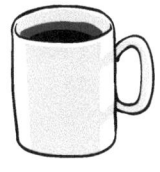

taza de café

кубак для кавы (філіжанка)

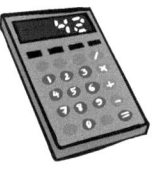

calculadora

калькулятар

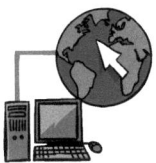

internet

інтэрнэт

portátil

ноўтбук

carta

ліст

mensaje

паведамленне

móvil

мабільны тэлефон

red

сетка

fotocopiadora

ксеракс

software

праграмнае забеспячэнне

teléfono

тэлефон

toma de corriente

разетка

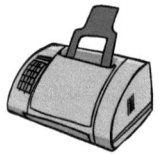

fax

факс

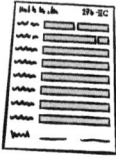

formulario

фармуляр

documento

дакумент

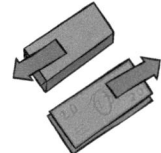

comprar

купляць

pagar

плаціць

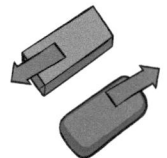

comerciar

гандляваць

dinero

грошы

USD

dólar

долар

EUR

euro

еўра

JPY

yen

ена

RUB

rublo

рубель

CHF

franco suizo

франк

CNY

renminbi yuan

кітайскі юань

INR

rupia

рупія

cajero automático

банкамат

oficina de cambio de divisas

абменны пункт

oro

золата

plata

срэбра

petróleo

нафта

energía

энергія

precio

цана

contrato

кантракт

impuesto

падатак

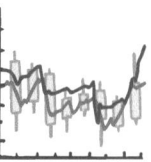

acción

акцыя

trabajar

працаваць

empleado

служачы

empleador

працадаўца

fábrica

фабрыка

tienda

крама

oficios
прафесіі

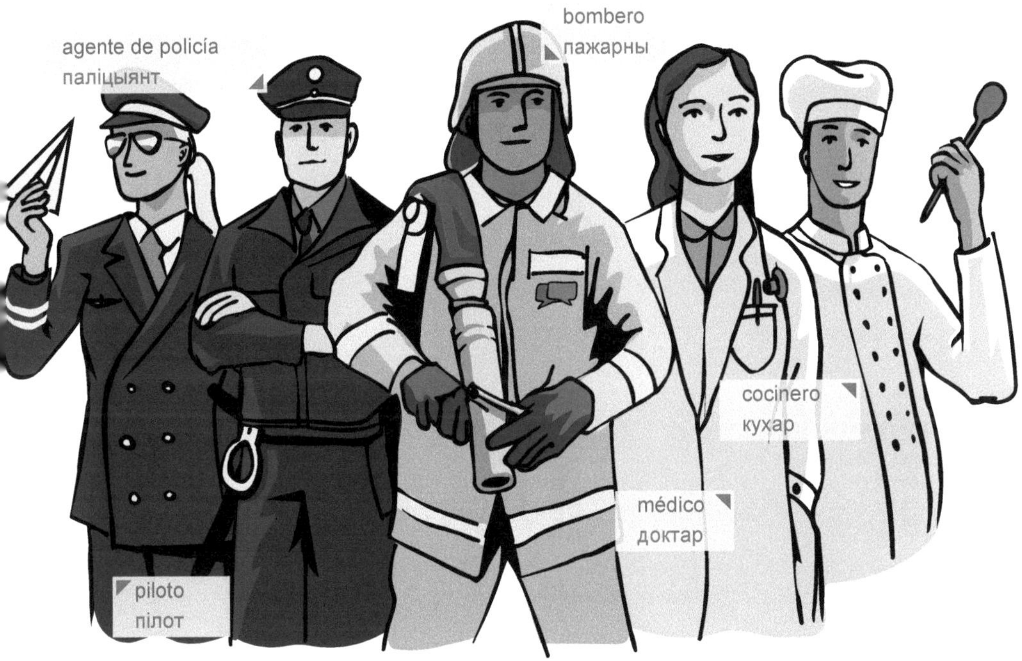
agente de policía
паліцыянт
bombero
пажарны
cocinero
кухар
médico
доктар
piloto
пілот

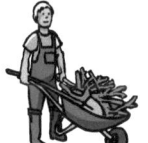

jardinero

садоўнік

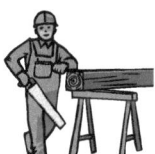

carpintero

слесар

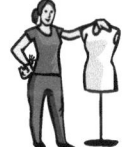

costurera

швачка

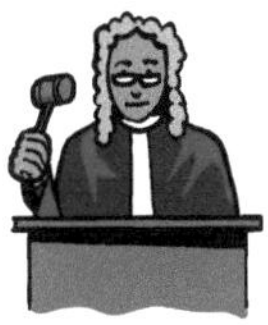

juez

суддзя

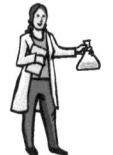

farmacéutico

хімік

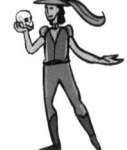

actor

артыст

conductor de autobús

кіроўца аўтобуса

taxista

таксіст

pescador

рыбак

señora de la limpieza

прыбіральшчыца

techador

страхар

camarero

афіцыянт

cazador

паляўнічы

pintor

мастак

panadero

пекар

electricista

электрык

obrero

будаўнік

ingeniero

інжынер

carnicero

мяснік

fontanero

сантэхнік

cartero

паштальён

soldado

салдат

arquitecto

архітэктар

cajero

касір

florista

фларыст

peluquero

цырульнік

revisor

кандуктар

mecánico

механік

capitán

капітан

dentista

стаматолаг

científico

вучоны

rabino

рабін

imán

імам

monje

манах

sacerdote

святар

herramientas
інструменты

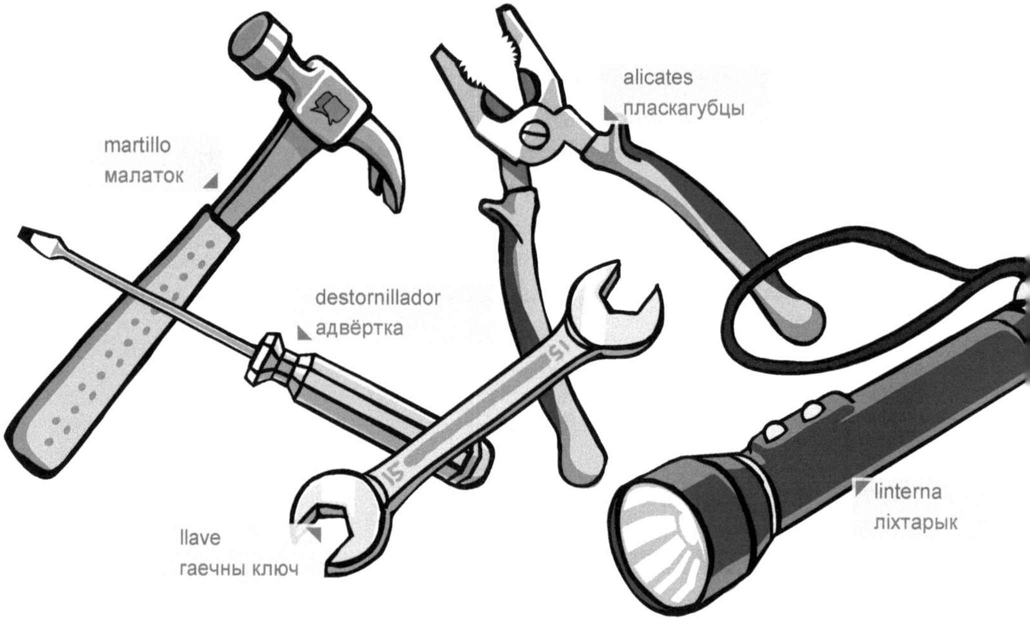
martillo
малаток
alicates
пласкагубцы
destornillador
адвёртка
llave
гаечны ключ
linterna
ліхтарык

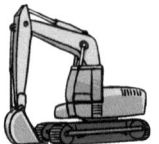

excavadora
экскаватар

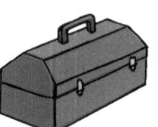

caja de herramientas
скрыня для інструментаў

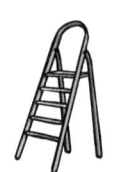

escalera de mano
дравіны

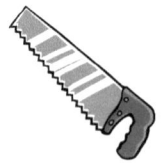

sierra
піла

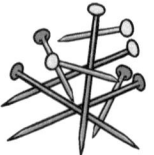

clavos
цвікі

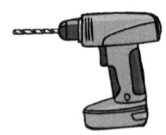

taladro
дрыль

reparar

рамантаваць

pala

рыдлеўка

¡Maldita sea!

Халера!

recogedor

шуфлік для смецця

bote de pintura

вядро з фарбаю

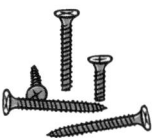

tornillos

балты

instrumentos musicales
музычныя інструменты

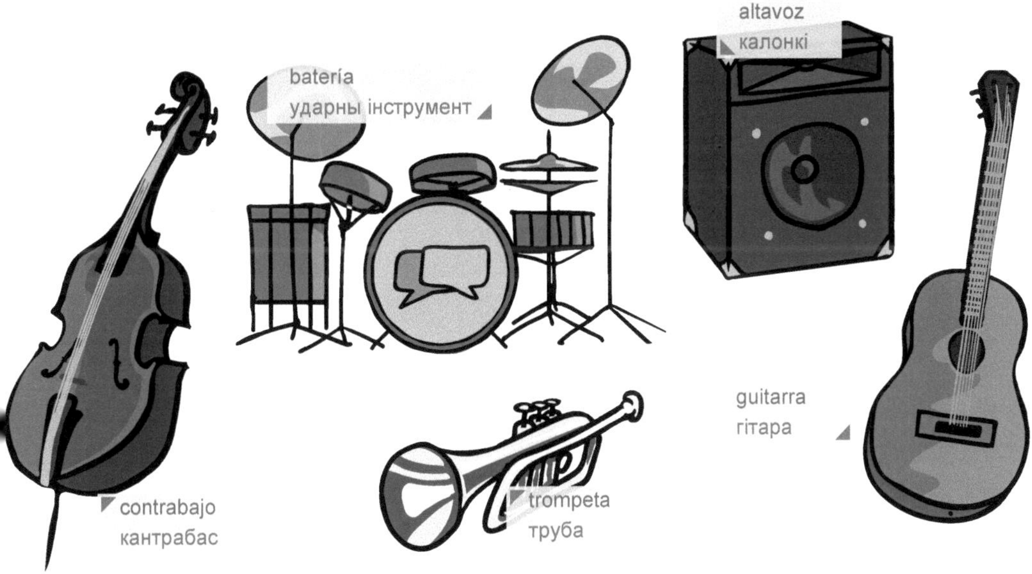

batería
ударны інструмент ◢

altavoz
калонкі

guitarra
гітара ◢

▼contrabajo
кантрабас

trompeta
труба

piano

піяніна

violín

скрыпка

bajo

басгітара

timbales

літаўры

tambor

барабан

teclado

клавішны электрамузычны інструмент

saxofón

саксафон

flauta

флейта

micrófono

мікрафон

zoo

заапарк

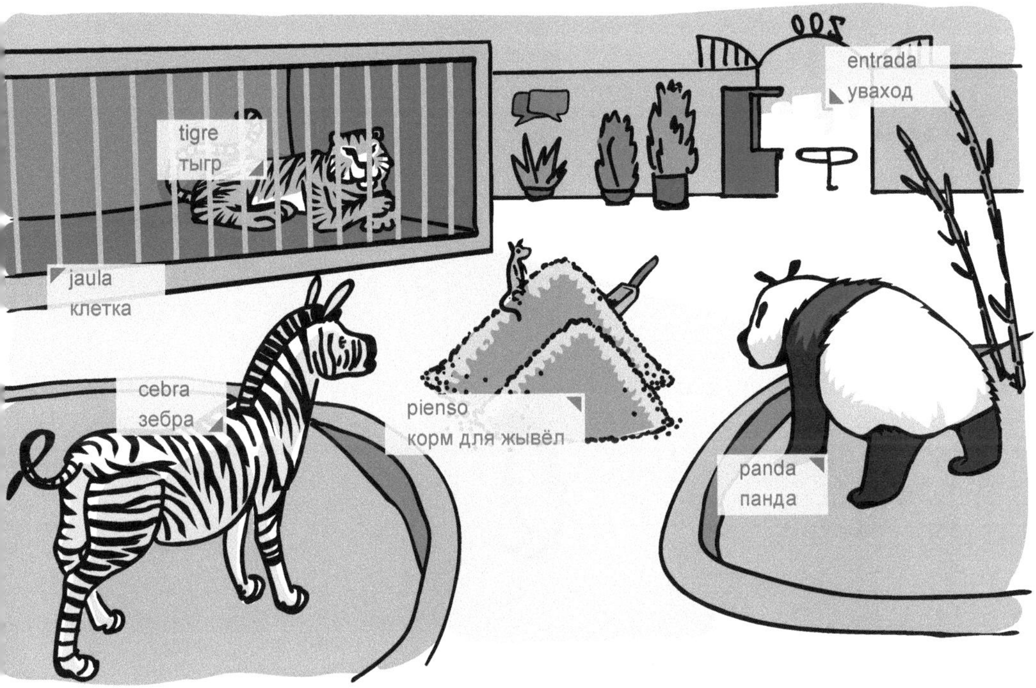

entrada
уваход
tigre
тыгр
jaula
клетка
cebra
зебра
pienso
корм для жывёл
panda
панда

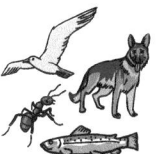

animales
жывёлы

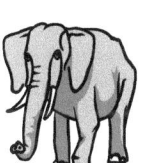

elefante
слон

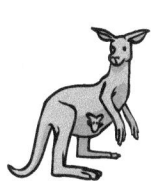

canguro
кенгуру

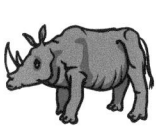

rinoceronte
насарог

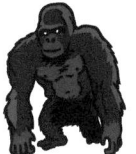

gorila
гарыла

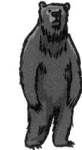

oso
мядзведзь

camello

вярблюд

avestruz

стравус

león

леў

mono

малпа

flamingo

фламінга

loro

папугай

oso polar

белы мядзведзь

pingüino

пінгвін

tiburón

акула

pavo real

паўлін

serpiente

змяя

cocodrilo

кракадзіл

guardián de zoológico

наглядчык заапарка

foca

цюлень

jaguar

ягуар

poni

поні

leopardo

леапард

hipopótamo

бегемот

jirafa

жыраф

águila

арол

jabalí

дзік

pescado

рыбак

tortuga

чарапаха

morsa

морж

zorro

ліса

gacela

газель

fútbol americano
амерыканскі футбол

ciclismo
веласпорт

tenis
тэніс

baloncesto
баскетбол

natación
плаванне

boxeo
бокс

hockey sobre hielo
хакей з шайбай

fútbol
································
футбол

bádminton
················
бадмінтон

atletismo
················
лёгкая атлетыка

balonmano
················
гандбол

esquí
················
горныя лыжы

polo
··········
пола

actividades
дзейнасць

reír
смяяцца
saltar
скакаць
abrazar
абдымаць
caminar
ісці
cantar
спяваць
soñar
марыць
rezar
маліцца
besar
цалаваць

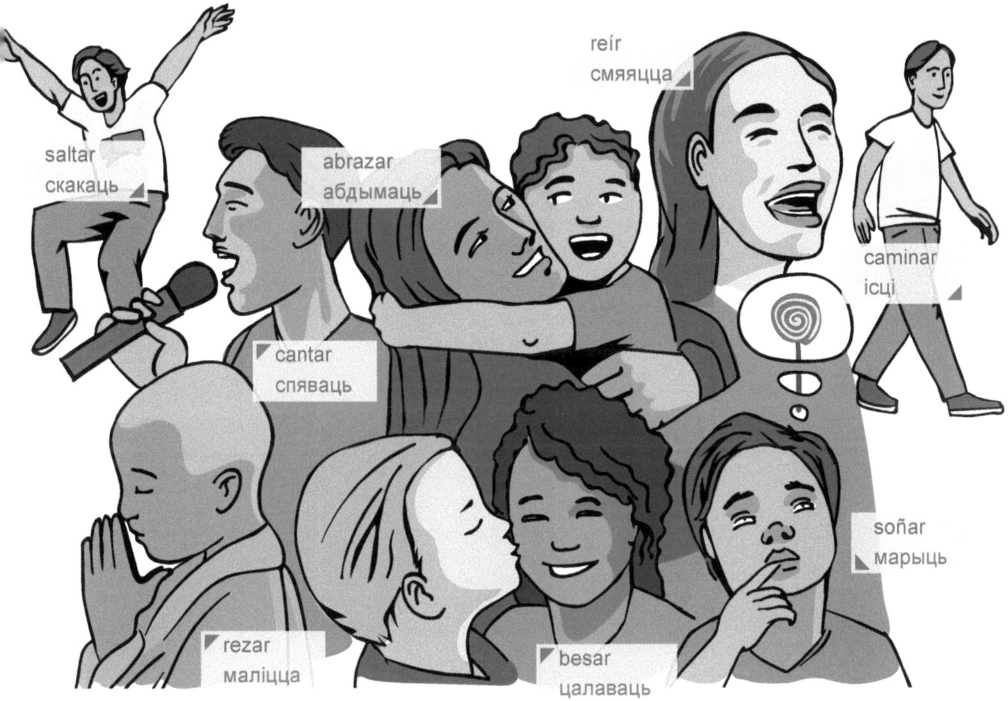

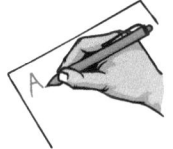

escribir
пісаць

dibujar
маляваць

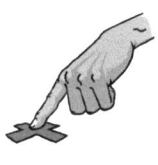

mostrar
паказваць

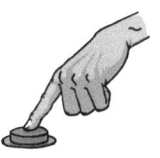

empujar
націснуць

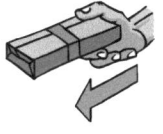

dar
даваць

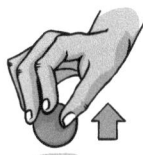

tomar
браць

tener

маць

hacer

выконваць

ser

быць

estar de pie

стаяць

correr

бегчы

tirar

цягнуць

tirar

кідаць

caer

падаць

yacer

ляжаць

esperar

чакаць

llevar

насіць

estar sentado

сядзець

vestirse

апранацца

dormir

спаць

despertar

прачынацца

actividades - дзейнасць

mirar

глядзець

llorar

плакаць

acariciar

лашчыць

peinar

прычэсвацца

hablar

гаварыць

entender

разумець

preguntar

пытаць

escuchar

чуць

beber

піць

comer

есці

ordenar

прыбіраць

amar

кахаць

cocinar

гатаваць

conducir

ехаць

volar

лятаць

navegar

плаваць пад ветразем

calcular

лічыць

leer

чытаць

aprender

вучыць

trabajar

працаваць

casarse

уступаць у шлюб

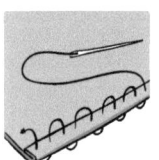

coser

шыць

cepillarse los dientes

чысціць зубы

matar

забіваць

fumar

курыць

enviar

пасылаць

familia
сям'я

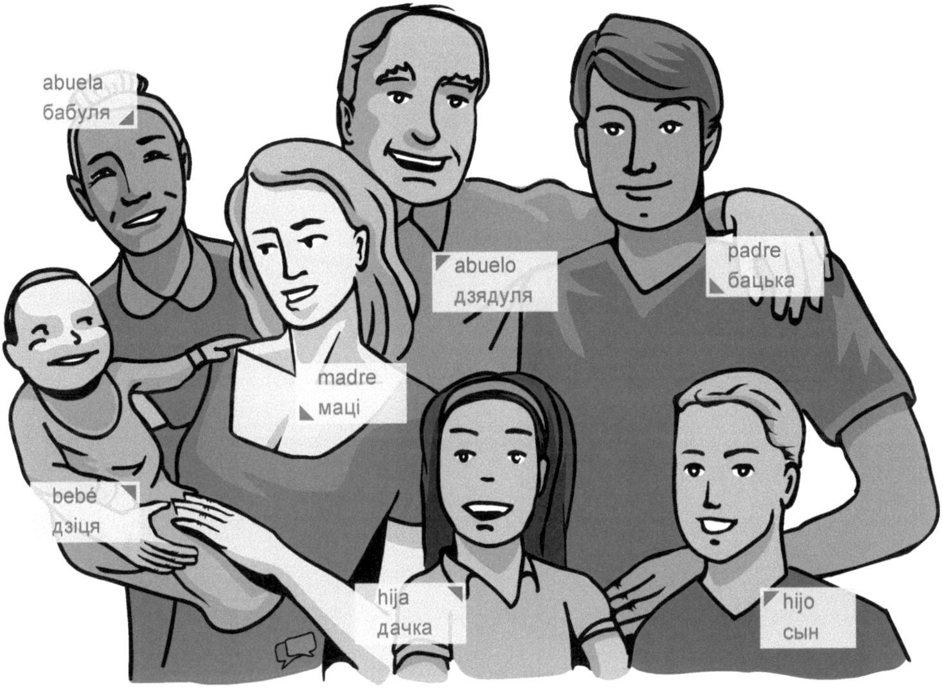
abuela
бабуля
abuelo
дзядуля
padre
бацька
madre
маці
bebé
дзіця
hija
дачка
hijo
сын

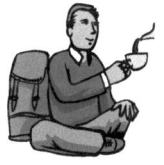

invitado
госць

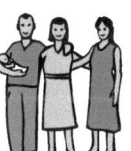

tía
цётка

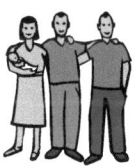

tío
дзядзька

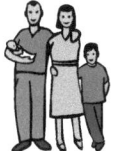

hermano
брат

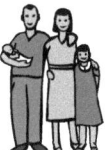

hermana
сястра

cuerpo

цела

frente
лоб
ojo
вока
hombro
плячо
dedo
палец
cara
твар
barbilla
падбародак
mano
рука
pierna
нага
pecho
грудзі
brazo
рука

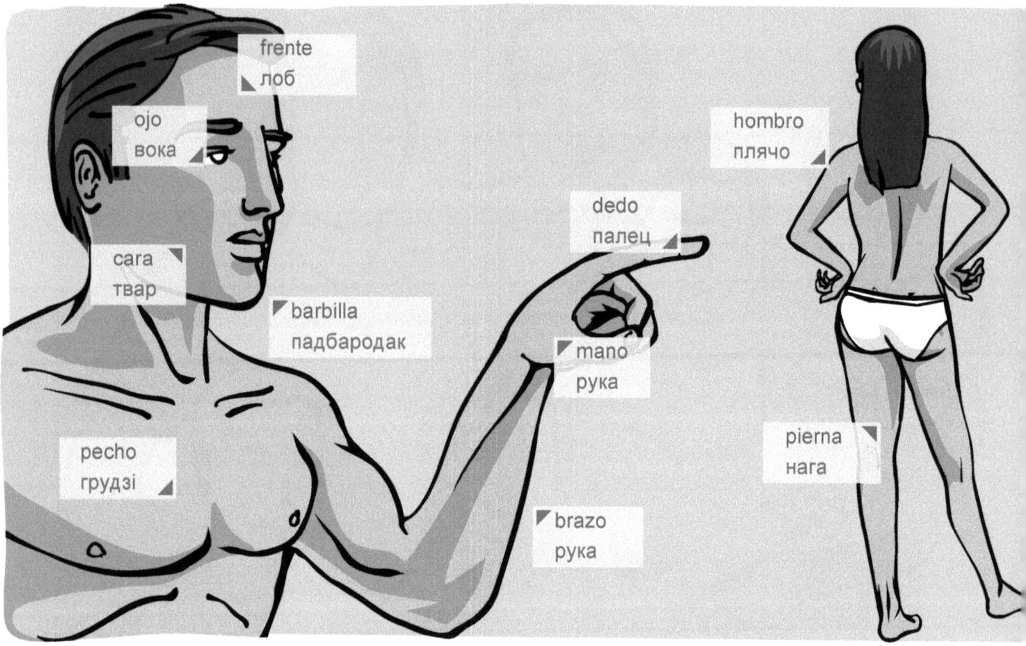

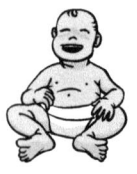

bebé
дзіця

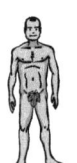

hombre
мужчына

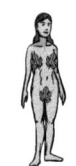

mujer
жанчына

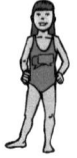

chica
дзяўчынка

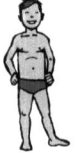

chico
хлопчык

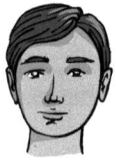

cabeza
галава

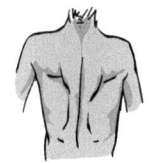

espalda

спіна

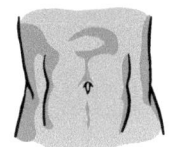

vientre

жывот

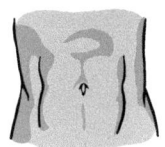

ombligo

пуп

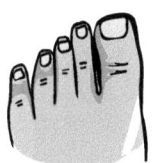

dedo del pie

палец нагі

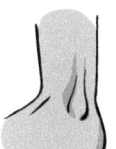

talón

пятка

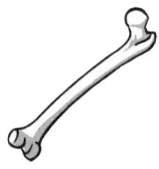

hueso

костка

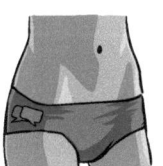

cadera

бядро

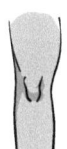

rodilla

калена

codo

локаць

nariz

нос

trasero

ягадзіца

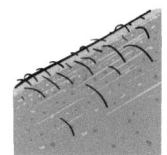

piel

скура

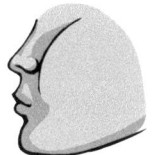

mejilla

шчака

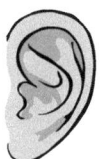

oído

вуха

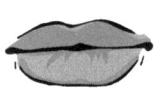

labio

губа

boca

рот

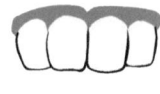

diente

зуб

lengua

язык

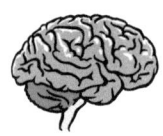

cerebro

галаўны мозг

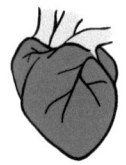

corazón

сэрца

músculo

мышца

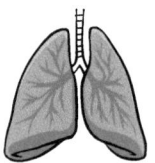

pulmón

лёгкае

hígado

пячонка

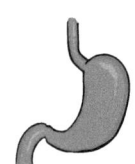

estómago

страўнік

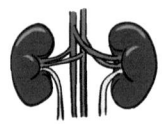

riñones

ныркі

sexo

сэкс

condón

прэзерватыў

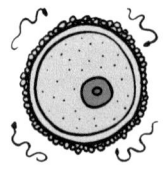

ovario

яйцаклетка

semen

сперма

embarazo

цяжарнасць

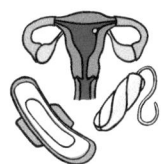

menstruación

менструацыя

vagina

похва

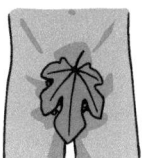

pene

пеніс

ceja

брыво

pelo

валасы

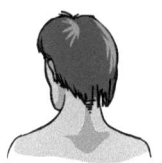

cuello

шыя

hospital
шпіталь

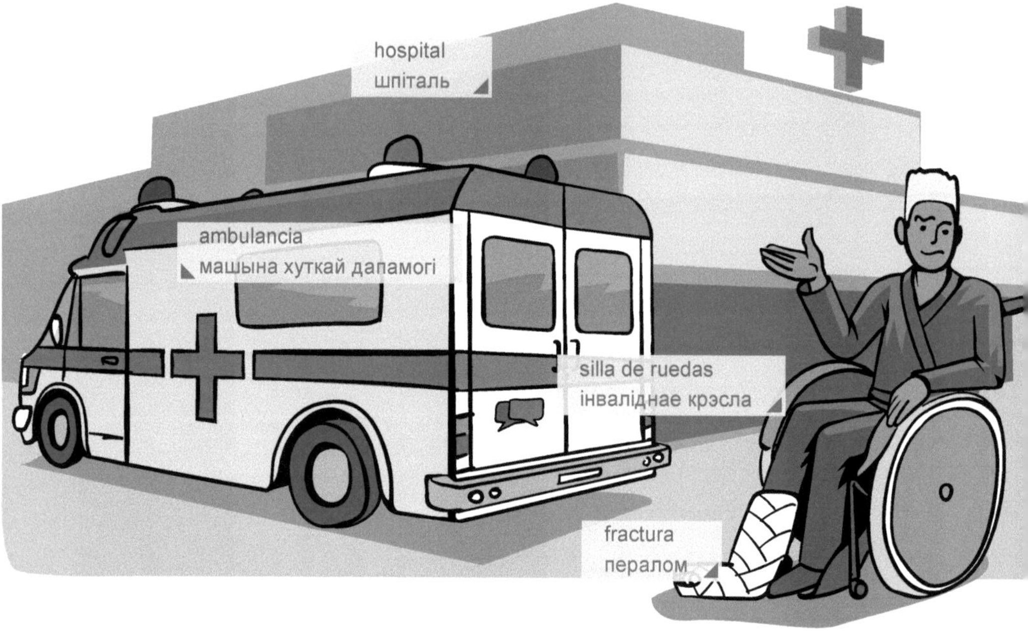

hospital
шпіталь
ambulancia
машына хуткай дапамогі
silla de ruedas
інваліднае крэсла
fractura
пералом

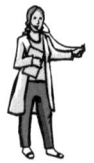

médico

доктар

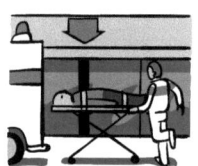

sala de urgencias

аддзяленне першай дапамогі

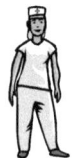

enfermera

медсястра

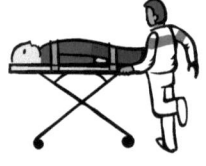

urgencia

экстраная дапамога

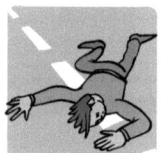

inconsciente

непрытомны

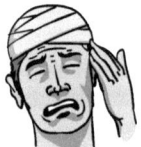

dolor

боль

lesión
траўма

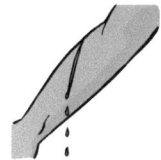

hemorragia
крывацёк

infarto
інфаркт

ictus
апаплексія

alergia
алергія

tos
кашаль

fiebre
гарачка

gripe
грып

diarrea
панос

dolor de cabeza
галаўны боль

cáncer
рак

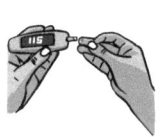

diabetes
дыябет

cirujano
хірург

bisturí
скальпель

operación
аперацыя

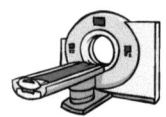

TAC
КТ

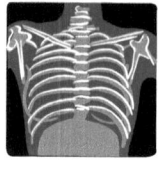

rayos x
рэнтген

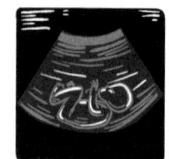

ultrasonido
ультрагук

mascarilla
маска

enfermedad
хвароба

sala de espera
пачакальня

muleta
мыліца

tirita
пластыр

venda
бінт

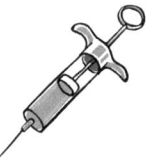

inyección
ін'екцыя

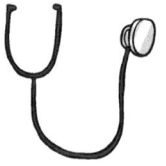

estetoscopio
стэтаскоп

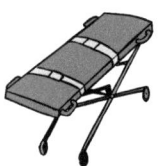

camilla
насілкі

termómetro
градуснік

nacimiento
нараджэнне

sobrepeso
лішняя вага

audífono

слухавы апарат

desinfectante

дэзінфекцыйны сродак

infección

інфекцыя

virus

вірус

VIH / SIDA

ВІЧ/СНІД

medicina

лекі

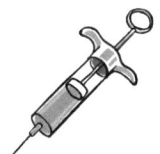

vacunación

прышчэпка

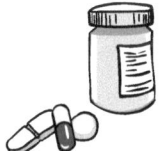

tabletas

таблеткі

pastilla

супрацьзачаткавая таблетка

llamada de urgencia

экстраны выклік

tensiómetro

танометр

enfermo / sano

хворы / здаровы

¡Socorro!

Ратуйце!

alarma

сігналізацыя

asalto

напад

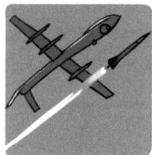

ataque

атака

peligro

небяспека

salida de emergencia

аварыйны выхад

¡Fuego!

Пажар!

extintor de incendios

вогнетушыцель

accidente

аварыя

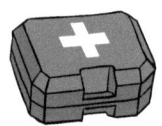

botiquín de primeros
auxilios

аптэчка

SOS

СОС

policía

паліцыя

Europa

Еўропа

Norteamérica

Паўночная Амерыка

Sudamérica

Паўднёвая Амерыка

África

Афрыка

Asia

Азія

Australia

Аўстралія

Atlántico

Атлантычны акіян

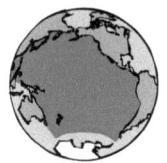

Pacífico

Ціхі акіян

Océano Índico

Індыйскі акіян

Océano Antártico

Паўднёвы ледавіты акіян

Océano Ártico

Паўночны ледавіты акіян

polo norte

Паўночны полюс

polo sur

Паўднёвы полюс

Antártida

Антарктыда

tierra

Зямля

tierra

краіна

mar

мора

isla

востраў

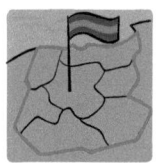

nación

нацыя

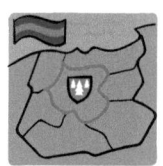

estado

дзяржава

esfera

цыферблат

manecilla de las horas

гадзінная стрэлка

minutero

хвілінная стрэлка

segundero

секундная стрэлка

¿Qué hora es?

Колькі часу?

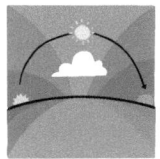

día

дзень

tiempo

час

ahora

зараз

reloj digital

электронны гадзіннік

minuto

хвіліна

hora

гадзіна

semana

тыдзень

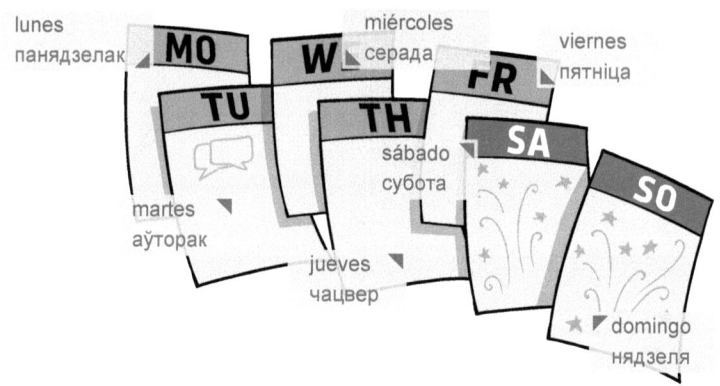

lunes / панядзелак
miércoles / серада
viernes / пятніца
martes / аўторак
sábado / субота
jueves / чацвер
domingo / нядзеля

ayer

ўчора

hoy

сёння

mañana

заўтра

mañana

раніца

mediodía

абед

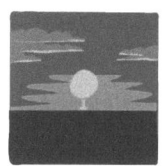

tarde

вечар

MO	TU	WE	TH	FR	SA	SU
1	2	3	4	5	6	7
8	9	10	11	12	13	14
15	16	17	18	19	20	21
22	23	24	25	26	27	28
29	30	31	1	2	3	4

días laborables

працоўныя дні

MO	TU	WE	TH	FR	SA	SU
1	2	3	4	5	6	7
8	9	10	11	12	13	14
15	16	17	18	19	20	21
22	23	24	25	26	27	28
29	30	31	1	2	3	4

fin de semana

выхадныя

lluvia
дождж

arcoíris
вясёлка

viento
вецер

nieve
снег

primavera
вясна

verano
лета

otoño
восень

invierno
зіма

4.APRIL	11°	☀
5.APRIL	4°	☁
6.APRIL	13°	☂
7.APRIL	8°	❄
8.APRIL	10°	☀

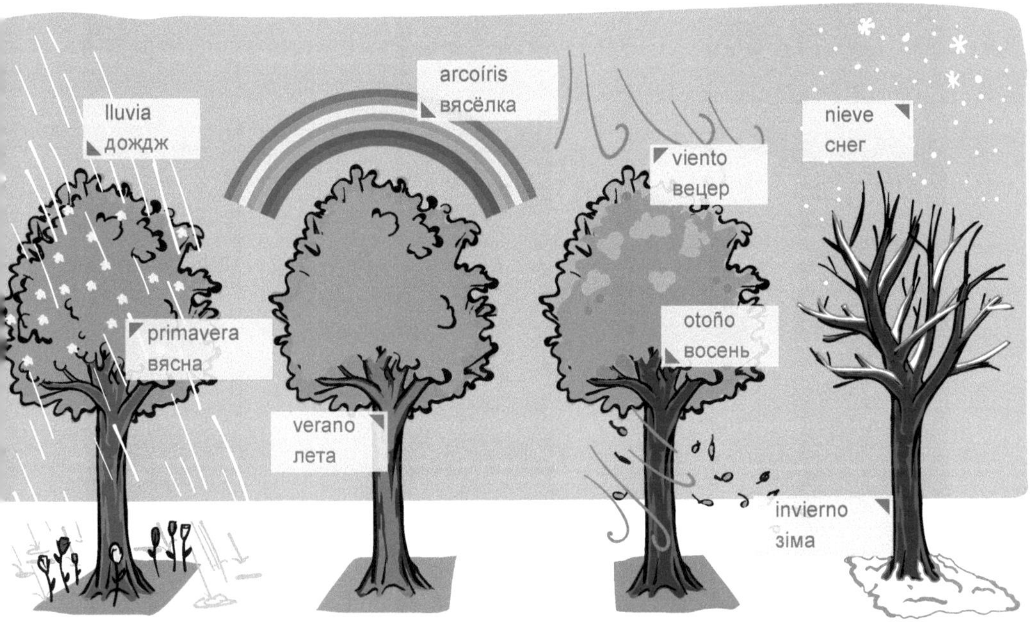

pronóstico del tiempo
....
прагноз надвор'я

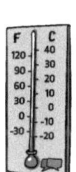

termómetro
....
градуснік

sol
....
сонечнае святло

nube
....
воблака

niebla
....
туман

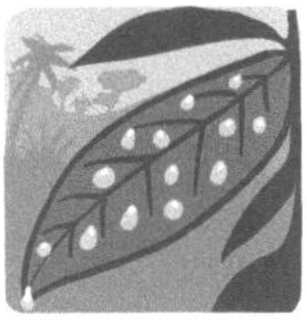

humedad
....
вільготнасць паветра

rayo

маланка

trueno

гром

tormenta

бура

granizo

град

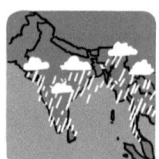

monzón

мусонны вецер

inundación

прыліў

hielo

лёд

enero

студзень

febrero

люты

marzo

сакавік

abril

красавік

mayo

май

junio

чэрвень

julio

ліпень

agosto

жнівень

septiembre
....
верасень

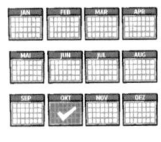

octubre
....
кастрычнік

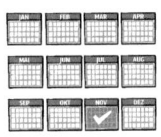

noviembre
....
лістапад

diciembre
....
снежань

formas

formas

формы

círculo
....
круг

cuadrado
....
квадрат

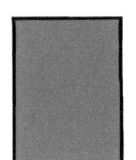

rectángulo
....
прамавугольнік

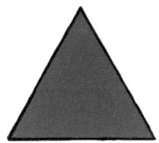

triángulo
....
трохвугольнік

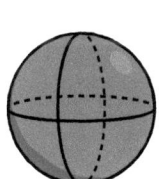

esfera
....
шар

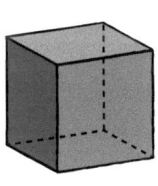

cubo
....
куб

blanco

белы

amarillo

жоўты

anaranjado

аранжавы

rosa

ружовы

rojo

чырвоны

morado

фіялетавы

azul

сіні

verde

зялёны

marrón

карычневы

gris

шэры

negro

чорны

mucho / poco

шмат / мала

enojado / tranquilo

злы / добры

bonito / feo

прыгожы / брыдкі

principio / fin

пачатак / канец

grande / pequeño

высокі / малы

claro / oscuro

светлы / цёмны

hermano / hermana

сястра / брат

limpio / sucio

чысты / брудны

completo / incompleto

поўны / няпоўны

día / noche

дзень / ноч

muerto / vivo

мёртвы / жывы

ancho / estrecho

шырокі / вузкі

comestible / no comestible

ядомы / неядомы

malo / amable

злы / добры

entusiasmado / aburrido

узбуджаны / нудны

gordo / delgado

тоўсты / тонкі

primero / último

першы / апошні

amigo / enemigo

сябар / вораг

lleno / vacío

поўны / пусты

duro / blando

цвёрды / мяккі

pesado / ligero

важкі / лёгкі

hambre / sed

голад / смага

enfermo / sano

хворы / здаровы

ilegal / legal

нелегальны / легальны

inteligente / tonto

разумны / дурны

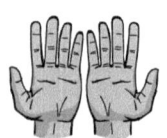

izquierda / derecha

левы / правы

cerca / lejos

побач / далёка

nuevo / usado

новы / былы ва ўжыванні

nada / algo

нічога / нешта

viejo / joven

стары / малады

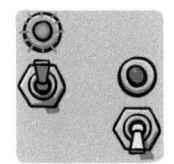

encendido / apagado

укл / выкл

abierto / cerrado

адчынены / зачынены

silencioso / ruidoso

ціхі / гучны

rico / pobre

багаты / бедны

correcto / incorrecto

правільна / няправільна

áspero / suave

шурпаты / гладкі

triste / contento

сумны / шчаслівы

corto / largo

кароткі / доўгі

lento / rápido

павольны / хуткі

húmedo / seco

вільготны / сухі

cálido / frío

цёплы / халаднаваты

guerra / paz

вайна / мір

0

cero

нуль

1

uno

адзін

2

dos

два

3

tres

тры

4

cuatro

чатыры

5

cinco

пяць

6

seis

шэсць

7

siete

сем

8

ocho

восем

9

nueve

дзевяць

10

diez

дзесяць

11

once

адзінаццаць

12

doce

дванаццаць

13

trece

трынаццаць

14

catorce

чатырнаццаць

15

quince

пятнаццаць

16

dieciséis

шаснаццаць

17

diecisiete

сямнаццаць

18

dieciocho

васямнаццаць

19

diecinueve

дзевятнаццаць

20

veinte

дваццаць

100

cien

сто

1.000

mil

тысяча

1.000.000

millón

мільён

números - лічбы

inglés

англійская

inglés americano

англійская (Амерыка)

chino mandarín

кітайская мандарынская

hindi

хіндзі

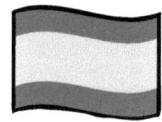

español

іспанская

francés

французская

árabe

арабская

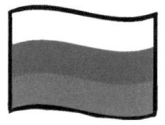

ruso

руская

portugués

партугальская

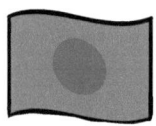

bengalí

бенгальская

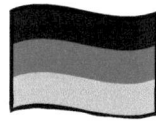

alemán

нямецкая

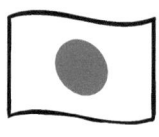

japonés

японская

yo

я

tú

ты

él / ella / ello

ён / яна / яно

nosotros/as

мы

vosotros/as

вы

ellos/as

яны

¿quién?

хто?

¿qué?

што?

¿cómo?

як?

¿dónde?

дзе?

¿cuándo?

калі?

nombre

імя

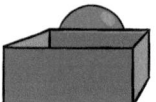

detrás

за

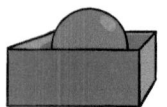

en

у

delante de

перад

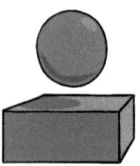

por encima de

над

sobre

на

debajo de

пад

junto a

каля

entre

паміж

lugar

месца